AF429128

Contigo en tu dolor

Una guía para acompañarte
a sanar en tu proceso de duelo
ante la muerte de un ser querido

Glorielma Colón

No es necesario huir ni olvidar,
sino honrar y agradecer.

Dedicatoria

A quienes han perdido seres queridos: que este libro sea un bálsamo de paz y de aliento en su proceso de duelo.

A mis amadas hijas Claudia y Fabiola quienes a edad muy temprana comenzaron a tener sus pérdidas, sus duelos y, aun así, aman, agradecen, tienen fe y saben que todos nos vamos a reencontrar nuevamente. Amadas, disfruten de la vida un día a la vez.

Tabla de contenido

Agradecimientos

Agradezco a Dios por la vida, por mi familia, por mis alegrías, tristezas, duelos y aprendizajes. Agradezco la oportunidad de acompañar y ayudar a otras personas en sus procesos de duelo y de poder escribir y presentar este libro. Agradecida de haber conocido a Anita Paniagua. Hablarle sobre mis deseos de escribir y emprender fue una bendición. Agradezco el motivarme, el tiempo dedicado y las veces en el proceso que me decía: «Escribe más, escribe todo lo que hay en tu mente». Agradezco a Mariangely Núñez-Fidalgo, mi editora, por su guía y su edición; por hacerme pensar, añadir, cambiar y abundar más, por su sensibilidad y empatía. A la excelente diseñadora Amanda Jusino, agradecida por el arte desplegado en todo el libro desde su portada, por su fino trabajo y dedicación. Las aprecio y admiro profundamente y me siento bendecida por haberlas conocido y trabajar con ellas en este transitar de la vida.

A mi profesora y mentora, la Dra. Shirley M. Silva Cabrera, pionera de la educación formal y práctica de la tanatología en Puerto Rico, quien con su sensibilidad, humildad y agradecimiento me motiva a ser mejor en la tanatología cada día. Agradezco su confianza, sus horas dedicadas a escucharme, inspirarme y por estar en este proceso, siempre dispuesta a aportar con sus conocimientos y experiencia.

A mis hijas Claudia y Fabiola, gracias por estar presente y por su amor. Soy bendecida al tenerlas. Agradezco todas las veces que llegaban calladitas al estudio con el café, batidas o galletas, lo dejaban y solo decían: «Que te aproveche» o «Coge un "break"». Las amo.

A ti, que estás leyendo este libro, gracias por la oportunidad de servirte de apoyo en tu proceso. Confío que encuentres el consuelo deseado y la paz a través de la lectura en este recorrido.

Mi gratitud,

Glorielma Colón Rivera

Balance entre la narrativa emotiva y el recurso de apoyo

¿Se puede mitigar o superar el dolor por la pérdida? Sí. Se puede. La autora de *Contigo en tu dolor* lo afirma y yo avalo también esta posibilidad, con gran sentido de confianza en el poder y trascendencia de la resiliencia humana.

Glorielma Colón, egresada en el 2018 del Certificado de Estudios Profesionales en Tanatología Aplicada que ofrezco a través de la Universidad de Puerto Rico, encarna mediante esta aportación literaria, el compromiso del profesional para quien la tanatología es parte esencial de su manifiesto de vida. Luego de recorrer el sendero del duelo personal, se permitió atender la devoción por constituirse como agente de ayuda. Este otro sendero la condujo a prepararse profesionalmente en uno de los perfiles del campo de la tanatología.

La tanatología se define, en su aspecto general, como el estudio y práctica en el campo de la muerte, el morir, el duelo y las pérdidas significativas. Atiende tanto a pacientes (con enfermedad limitante o condición amenazante de la vida) como a dolientes y al personal de la salud que pueda atender estos casos. La tanatología incluye el ofrecer atención a otros tipos de pérdidas, más allá de la muerte de un ser querido. Considera como área de especialidad, y en sus estimados, el aspecto sociocultural y el contexto histórico de la experiencia particular de sus participantes. Puede incluir también en sus recursos de ayuda las terapias complementarias, las artes y la espiritualidad porque contempla al ser humano (tal y como nos ha sido instruido por nuestros pioneros) como un ser integral compuesto por cuatro cuadrantes: el físico, el mental, el emocional y el espiritual.

El reto de Glorielma, en esta publicación, fue la conquista de un balance entre la narrativa emotiva de la experiencia personal y el objetivo de lograr a su vez un recurso de apoyo dirigido esencialmente al doliente, desde el joven adulto.

Contigo en tu dolor es una fragante muestra anecdótica y educativa a modo de guía sobre varios tópicos esenciales en la tanatología y que aporta una sencilla exposición de diferentes maneras por las cuales se puede manejar y superar el dolor (la pena, el sufrimiento) reflejado en los cuadrantes mencionados al enfrentar una pérdida significativa. De ninguna manera, este recurso sustituye la atención profesional que pueda requerir el lector.

La portada del libro sugiere el duelo como un sendero flanqueado por la flor de la lavanda como acompañante y testigo silente de la jornada de sus transeúntes. Esta personificación se la atribuyo a la propuesta de la autora quien realiza un paralelismo tanto entre el duelo (como sendero) y los recursos de ayuda (como la flor de la lavanda), para que con su contribución llegar a la meta de la restitución, de la reintegración de manera nueva a la vida y, como ella lo interpreta: de la sanación en torno a la pérdida.

Me entusiasma proponer que la flor de la lavanda es representativa de la autora. La atmósfera de este libro está impregnada alegóricamente del aroma de la flor a través de su guía, sugerencias y ejemplos. Integra a modo de paralelismo, atributos de la lavanda en pos de un potencial de ayuda, para manejar de mejor manera la pérdida significativa, la muerte de un ser querido y sus respectivos duelos. Entre estos atributos podemos percibir: un sentido de pureza, de relajación, de serenidad, de acompañamiento, de paz y principalmente, la oportunidad para experimentar un silencio reflexivo y de elevación del nivel de consciencia ante la pérdida, mediante la actitud y el grado de apertura que usted, querido lector, pueda presentar al tema.

Shirley M. Silva Cabrera RPT, FT®, PhD

Fellow in Thanatology – Death, Dying and Bereavement®

¿Se supera una pérdida?

–Epicuro, *filósofo griego*

Superar la pérdida de un ser querido es uno de los mayores retos que todo ser humano pueda enfrentar. Ante esta, surge un gran vacío, un dolor profundo y una tristeza que parecen que nunca se irán, y una combinación de emociones distintas, pero válidas y naturales en esta nueva realidad. No podemos vivir dándole la espalda al sufrimiento causado por la muerte de quienes amamos. Nadie nos enseña cómo enfrentar esa pérdida y tampoco dedicamos tiempo a prepararnos para ella.

❋ ¿Se puede superar la pérdida y sanar? Sí. Se puede. Despedirnos de nuestro ser querido con amor y agradecimiento, aceptar y permitirnos sentir nuestras emociones y nuestra tristeza, nos ayuda muchísimo en el proceso de sanación.

En este libro comparto contigo el camino de la pérdida a través de la vereda de los recuerdos y los posibles paisajes del duelo contemplados a través de tópicos como su causa, qué lo caracteriza y cómo se puede llegar a una aceptación: ese estado en el que se podrá suspirar sanamente, encontrar alivio y reconocer que la muerte es parte de la vida. Será entonces cuando, al voltear la mirada hacia la vereda de los recuerdos, se podrá contemplar con alegría, amor y agradecimiento al conectarse de mejor manera con el camino y la meta de la aceptación.

También compartiré contigo mi propio camino con el deseo de que pueda servirte de apoyo a través de tu recorrido por el proceso de sanación tras una pérdida significativa. He enfrentado con mucho dolor la muerte de seres amados en mi vida: la muerte de mi padre, aquel lunes, 12 de agosto de 2002, el hombre que más he amado en mi vida; la muerte de mi amada madre, aquel jueves, 4 de diciembre de 2008. También perdí a mis abuelos, a mis tíos y tías... y la pérdida más reciente y repentina: la muerte de mi esposo Jerry Luna, aquel miércoles, 29 de enero de 2014. Le diagnosticaron leucemia linfoblástica aguda y falleció nueve días después. Juntos procreamos a nuestras hijas hermosas y amadas Claudia Sofía y Fabiola Nicole, ambas tenían 12 y 3 años respectivamente cuando él murió.

Con todas estas pérdidas y, sobre todo, a raíz de la muerte de mi esposo, comenzó a llamarme la atención la tanatología, que es el «estudio del proceso de la muerte y su manejo como un evento, desde el diagnóstico de una enfermedad terminal o una muerte inesperada, súbita y traumática hasta el duelo en sus diferentes manifestaciones individuales y socioculturales», según la define la Dra. Silva Carrera, en su libro *Cuando los dibujos hablan.* Finalmente lo decidí: estudié y me certifiqué como especialista en Tanatología. Actualmente, ayudo, apoyo y acompaño a las personas en sus procesos de duelo. De igual manera, acompaño al enfermo, al ser humano que está en su lecho de muerte hasta su último suspiro.

El camino tras la pérdida de un ser querido puede que lo entendamos perfectamente a nivel racional, pero no así en el corazón (el cual considero el centro de la emoción) y por eso duele tanto decir adiós. Te propongo acompañarte y que recorramos este camino juntos con amor y agradecimiento, con fe y esperanza, mucho respeto y con la certeza de que vas a encontrar consuelo y paz a pesar de la ausencia. Vivamos la vida un día a la vez y en total gratitud.

No es necesario huir ni olvidar,
sino honrar y agradecer.

Nunca pierdas la fe, nunca pierdas tu norte, continúa agradeciéndole a la Vida, a Dios, al Ser Superior, a la Energía Creadora (según experimentes tu espiritualidad o lo que te acerque a ella) por todas las bendiciones que te ha brindado. Pídele sabiduría en todo momento.

Que este libro sea un bálsamo de paz, un bálsamo de aliento para ti y toda persona doliente.

Con amor,

Glorielma Colón Rivera

Capítulo 1

La pérdida

Cuando muere un ser querido

– Jerry Luna, 2004

Las pérdidas nos pueden servir para crecer emocional y espiritualmente. Sin embargo, si no las afrontamos de manera adecuada, podemos llegar a debilitarnos o enfermarnos.

Ante cada una de mis pérdidas, pensaba que nunca sanaría. Fueron los momentos más difíciles de mi vida, me sentía quebrantada, débil. El proceso de pérdida de mi papá fue uno prolongado. Durante más de 16 años fue paciente de Alzheimer y siempre, hasta el final, estuvo al cuidado de nosotros en la casa. Veíamos cómo iba perdiendo su memoria, el apetito, cómo iba dejando de ser funcional, comenzaba a ser más sedentario y, en ocasiones, agresivo. Había que hacerle las cosas, desde bañarlo, afeitarlo, darle la comida y las bebidas y ayudarlo a caminar.

La muerte de mi mamá ocurrió de manera imprevista, por un infarto. No esperábamos algo así pues ella se encontraba en una fase de recuperación postoperatoria exitosa. Se veía muy bien y alerta. Sufrió un infarto y la trasladaron al área de intensivo donde permaneció durante una semana. Salió de intensivo y al cuarto día sufrió otro infarto. Fue fulminante y falleció.

La muerte de mi esposo, como la de mi padre, también puede ser considerada como una muerte esperada, pero a corto plazo. El estado clínico de mi esposo era crítico, pude prepararme en algunos aspectos, pero al desenlazar súbitamente en su muerte apenas nos dio tiempo para buscar otras opciones. En solo una semana viví los momentos más angustiosos y desesperantes que pudiera imaginar junto a mi esposo, nuestras hijas, amigos, familia y hermanos de la iglesia, pero, a su vez, fueron los momentos en que más sentí la presencia de Dios en mi vida.

Nueve días después

Aquel viernes, 17 de enero, le realizaron una cirugía dental a mi esposo. Sangraba mucho. El doctor le preguntó si tenía problemas de coagulación o con sus plaquetas y Jerry le contestó que no. Él era un hombre saludable y no padecía de nada. Llegó a la casa y continuaba sangrando. A las dos horas regresó a la oficina médica. Allí le hicieron presión en el área y le tomaron más puntos de sutura. A las 4:00 p. m. y ya en casa, el sangrado se le había controlado. El sábado, Claudia, nuestra hija mayor, amaneció con fiebre y él la llevó al pediatra. Una vez el pediatra terminó de evaluarla y de ordenarle unos análisis, Jerry le contó al doctor lo que le había pasado el día anterior. El doctor le dijo que eso no era normal y también le dio una orden para realizarse unos análisis de sangre. El domingo, asistimos a la iglesia tal como solíamos hacer y luego compartimos con la familia.

El lunes, Jerry fue con Claudia al laboratorio para realizarse las pruebas de sangre. Luego lo llamaron del laboratorio para buscar los resultados de una de las pruebas para que se las llevara a su médico. Una vez allí, nuevamente le recomendaron que fuera a su médico o a una sala de emergencia. Cuando él leyó los resultados, su primera reacción fue buscar en internet desde su celular, hacer un «search» (como solía hacer cuando deseaba información adicional e inmediata). Encontró que los mismos eran compatibles con síntomas de leucemia. Le envió una foto de los resultados al médico quien lo llamó de inmediato y le dijo que fuera a una sala de emergencia para que nuevamente le realizaran las pruebas porque era posible que la máquina estuviera mal e hiciera el contaje equivocado.

Cuando llegó a la casa, me dijo: «Mi vida, me llamaron del laboratorio para buscar estos resultados, se los envié al doctor. Vamos a una sala de emergencia, pero antes quiero decirte que hice un *search* y sale que son características de leucemia y, si eso es así, quiero que sepas que esta es mi cruz y no tu cruz, que con amor la voy a recibir y abrazarla tal y como Jesús recibió y abrazó su cruz. No quiero que sufras. ¿Okey?».

Yo trataba de asimilar y entender lo que él me decía. Fue como recibir un baño de agua fría, de repente sentí que hasta me mareaba. Pero reaccioné rápido y le dije: «Pues si es así, vámonos. Prepara un bulto con tus cosas y yo le preparo el de las nenas». Cuando tuve listo todo lo de las nenas, le dije: «Vámonos», pero solo tenía en sus manos su «tablet», su biblia y su libreta de notas. Para él, eso era suficiente para ir a una sala de emergencia. Terminé haciendo su bulto con al menos una muda de ropa, almohada y frisa.

En la sala de emergencia, el doctor lo evaluó y le dijo: «Jerry, este es un cuadro de leucemia». Rápidamente Jerry le contestó: «Una pregunta doctor, ¿cuál es la probabilidad de mortalidad aquí?». «Hay tratamiento, pero primero tengo que hacerte nuevamente esta prueba y si los números han bajado, hablamos aquí del tratamiento, pero si salen igual o más altos, te tengo que trasladar a la unidad de Oncología del Centro Médico», le respondió. Y así fue.

Jerry llegó en ambulancia al Centro Médico. Pasamos la noche en la sala de emergencia donde vimos de todo: heridos por accidentes y hasta por balas, se escuchaban gritos de dolor, desesperación y desconsuelo. Jerry solo me miraba y decía: «Hay que darle gracias a Dios, mira cuántos hay aquí sufriendo, gritando de dolor y yo aquí sin dolor, no siento dolor alguno. Durante el tiempo que tenga que estar aquí, solamente voy a agradecer. Recuerda, no quiero que sufras». Yo le afirmaba con la cabeza, pero en la mente tenía mil y una preguntas, todas sin respuestas.

A la mañana siguiente, le asignaron un cuarto. Durante el día fue evaluado por el oncólogo y le realizaron una serie de estudios. En la noche, leímos la Biblia, meditamos y cantamos. El miércoles en la mañana le hicieron el examen de médula ósea y otras pruebas. Recibió la visita de sus hijas, familiares, amigos, su director espiritual e integrantes del coro de la iglesia. Disfrutaba mucho cada vez que le cantaban y le oraban. Me decía: «Siento paz y alegría».

En las noches hablábamos de todo, de nuestras hijas, de su familia, del trabajo, de la vida, nos reíamos y agradecíamos. Conversamos de lo que quería que hiciera si él faltaba. Incluso hablamos del escrito que tenía en la casa (así le llamaba a su testamento ológrafo). Realmente, él estaba preparado para enfrentar lo que fuera. Su forma de ver la vida, de pensar, todo lo que hablamos y mi fe, me dieron paz.

Durante los próximos días, recibimos el resultado positivo de leucemia e iniciamos su tratamiento, incluida la primera quimioterapia. Al sexto día de la hospitalización, Jerry amaneció débil, no podía ver por el centro de su ojo derecho, su orina era color terracota y apenas comió. No recibió tratamiento.

Su debilidad y complicaciones incrementaron subsiguientemente hasta el desprendimiento de ambas retinas y tuvo que ser entubado. Su actividad cerebral disminuyó paulatinamente hasta ser nula. Al noveno día de estar hospitalizado, Jerry murió. Su enfermedad fue como el «ladrón en la noche» que llega sin avisar y de repente.

Mirar el dolor cara a cara

Sabemos que la muerte de un ser querido duele. No importa la causa de su muerte, si fue por enfermedad o por accidente, si fue una muerte violenta o por una condición degenerativa, cualquiera que fuera la razón, duele y duele mucho. No hay recetas para estos momentos de tanto dolor, solo que el amor nos acompañe en nuestro propio camino.

Superar la pérdida es uno de los mayores desafíos que el ser humano puede enfrentar. **Es cuando debemos mirar el dolor cara a cara y no huir de él.** Es cuando requerimos de manera apremiante acceder nuestra capacidad de sobrevivir, adaptarnos y crecer interiormente ante ese acontecimiento perturbador que puede llegar a marcar nuestra existencia de maneras no contempladas.

¿Por qué duele tanto la pérdida de un ser querido?

La pérdida puede producir un «shock» inicial, una sacudida emocional que requiere un proceso de asimilación para que podamos verbalizar lo que sentimos. Duele tener que decir adiós, duele la falta de la presencia amada, los recuerdos y las palabras que no se dijeron, también duele todo lo que quedó pendiente y las tareas no concluidas. Duelen los viajes planificados y no cumplidos, la imposibilidad de abrazar y de recibir aquellas llamadas. Duele no poder pedir perdón frente a frente. Los sueños se desploman, las rutinas cambian de manera radical e inesperada. No tenemos con quién hablar de la misma manera en que lo hacíamos con esa persona. En el caso de nuestros padres, duele no tenerlos, no poder tener aquellas conversaciones, escuchar sus consejos, recibir sus abrazos o sus bendiciones de la manera acostumbrada.

Aún así, expresar el dolor es natural y necesario. Es comprensible todo lo que pudiéramos sentir en un momento como este: soledad, tristeza, llanto, angustia, pensamientos abrumadores, impotencia, incertidumbre sobre lo que sigue, sobre algunas situaciones. Podemos preguntarnos: «¿Y ahora qué?», «¿Qué va a pasar?». Quizás pensemos que lo que ha sucedido no es justo y, encima de todo, tendremos que reconstruir nuestras vidas con otros desafíos emocionales y hasta situaciones complejas. Ahora todo cambia, tenemos que aprender a vivir de un modo diferente. Todo se ha transformado y muchas cosas adquieren otros significados.

«Cada uno en su universo siente el dolor como algo inmenso»[1]. Incluso cuando unos hermanos pierden a su padre o a su madre, cada uno reaccionará de manera diferente. Ambos sienten dolor por la misma pérdida y, sin embargo, experimentarán un duelo propio de manera muy particular. **No hay dos duelos iguales.** El duelo es natural y toma su tiempo. Lo importante es lo que cada persona hace durante ese tiempo y su actitud ante su nueva realidad.

Cuando pasamos por una pérdida, particularmente, cuando muere un ser querido, podemos enfrentar un gran vacío que nos hace sentir quebrantados y sin consuelo. A pesar de que lo más seguro que tenemos en nuestra vida es la muerte y la separación física de nuestros seres queridos, la mayor parte de las veces, no nos preparamos para ello.

Preparación para la muerte

Nunca estamos 100% preparados para decir adiós. Perder a un ser amado es como perder una parte de nosotros. En ese momento quisiéramos no estar en esa situación, pero es una realidad que se vive todos los días en todo el mundo.

---

[1] Letra de la canción *Respirar*, por Bebe (cantante española).

Imagínate, ahora mismo, mientras lees este libro, en algún hospital, en algún hogar, en la calle, en algún lugar del mundo hay alguien despidiéndose de su ser amado, de su hermano, de un amigo, de sus hijos, dándoles su adiós o diciéndoles por primera o última vez en la vida «Te amo», «Gracias por todo», «Gracias por existir», «Ve en paz», «Todo estará en orden»... **Te invito a hacer una pausa y meditar en ello. Entonces, agradece la oportunidad de la despedida.**

Cuando tienes un ser querido con una enfermedad terminal, puedes comenzar a sentirte inseguro, vulnerable y experimentar una sensación de incertidumbre hacia el futuro. Al mismo tiempo, en el aspecto emocional, podrías sentirte devastado al punto de sentir miedo, desolación y hasta pensar que no serás capaz de soportar el dolor de la pérdida.

¿Cómo podemos prepararnos para la muerte de un ser que amamos?

La muerte es un misterio incomprensible de la existencia humana. La luz y la oscuridad, la alegría y la tristeza, el nacimiento y la muerte están intercalados de tal manera que son inseparables. Desde mi experiencia como especialista en tanatología, te ofrezco las siguientes recomendaciones que te pueden ayudar a prepararte para enfrentar la muerte de un ser querido.

Primero: Reconoce que la muerte es parte natural de la existencia.

Segundo: Ama la vida, las personas y hazlo cada día.

Tercero: Agradece cada día por la vida, por lo bueno y lo no tan bueno, por la salud y también por la enfermedad, por la familia, amigos, compañeros, por el trabajo, por todo lo vivido.

Cuarto: Acepta la muerte. ¿Cómo podemos aceptarla? Hablando sobre ella, no solamente sobre la muerte de nuestros amigos, conocidos, familiares, seres queridos, también hablando sobre nuestra propia muerte, que, claro está, no sabemos ni cuándo ni cómo será, solamente sabemos que será en algún momento.

Quinto: La gran conversación. Una buena conversación a tiempo sobre la muerte con tus seres queridos les ayudará a saber si hay alguna necesidad ya sea personal, emocional o espiritual. Incluso, hablar sobre el tema de la muerte permite sanar relaciones y acercarse a las personas. Una vez se reconocen los miedos y las ilusiones, se puede crear un vínculo más especial, diferente y único con los seres que amamos.

Sexto: Quien está en su proceso de morir necesita escuchar dos cosas muy importantes de sus seres queridos: **primero**, que le den permiso para irse, para morir; **segundo**, que le aseguren que sus familiares van a estar bien, que saldrán adelante, que no debe preocuparse, que puede estar en paz. Decirle esto a la persona que está por fallecer le ayudará en su proceso.

La gran conversación

Pienso que mi esposo estaba preparado para su muerte. Tanto es así que, en la cuarta noche de su hospitalización, antes de comenzar su primera quimioterapia y luego de un día de transfusión de sangre y de plaquetas, tuvimos nuestra gran conversación.

Él la comenzó. Esa noche apenas dormimos, hablamos de todo lo vivido, hablamos de nuestras hijas, nos pedimos perdón, nos dijimos cuánto nos amábamos, hablamos de las conversaciones que él quería tener con algunas personas y no pudo tenerlas, y esas conversaciones, aunque yo las sé, se fueron con él. Hablamos de lo bella que es la vida, de nuestras bendiciones, de lo hermoso que es ser agradecido y leal. Hablamos sobre la verdad y la humildad. Le prometí que a nuestras hijas les hablaría todos los días sobre estos valores, particularmente, sobre la importancia de la verdad, aunque duela y, sobre todo, de la fe en Dios que es inquebrantable, aunque exista el dolor.

Sabía perfectamente que él estaba preparado para confrontar cualquier cosa, aun su propia muerte. Eso me dio consuelo, paz, serenidad y fortaleza para enfrentar también todo lo que venía y tomar decisiones, aunque no todas fueran del agrado de muchas personas. Supe claramente lo que debía hacer cuando él muriera, ya lo habíamos hablado en nuestra gran conversación.

Una buena conversación antes de la muerte es sumamente importante.

Capítulo 2

El duelo

El duelo no es una condición en la que permanecerás atrapado

*«El proceso de duelo puede ser como una montaña rusa:
de momento todo va bien, luego sientes que vas de prisa,
luego te sientes lento, en otros momentos puedes sentir
que estás cayendo, luego que estás subiendo».*

El duelo es la reacción a la pérdida, a cualquier pérdida que sea significativa tal como la pérdida de un ser querido, del trabajo, de un hogar, de nuestra mascota o la pérdida de una relación... Es un proceso de adaptación emocional e integral que sigue a cualquier pérdida. Se trata de una reacción de la conducta, a nivel emocional, y que se manifiesta principalmente en forma de sufrimiento y aflicción, cuando un vínculo afectivo se rompe.

La pérdida relacionada con la muerte de un ser querido puede llegar a cambiar nuestra vida y rutina diaria de manera súbita como si fuera un derrumbe repentino. Nos podemos encontrar con personas a quienes se les hace bien difícil enfrentar una pérdida y eso es algo natural porque el duelo es totalmente único e individual.

El proceso de duelo puede ser como una montaña rusa: de momento todo va bien, luego sientes que vas de prisa, luego te sientes lento, en otros momentos puedes sentir que estás cayendo, luego que estás subiendo. Las reacciones pueden ser muy diversas y sin anticipar. Por momentos, te puedes sentir bien de ánimo y, en otros, que estás dando más pasos hacia atrás que hacia adelante.

Es importante reconocer que el duelo es un proceso variable y no una condición o un estado en la que permanecerás atrapado.

Un ejercicio que me ayuda a comprender las manifestaciones de duelo de mis participantes –a quienes acompaño a través de la tanatología– **es la descripción detallada de cómo se sienten o cómo están reaccionando emocional, física, mental, y espiritualmente** (incluyendo lo referente a su práctica religiosa o espiritual, si alguna). Al hacerle una serie de preguntas, un doliente –la persona en su proceso de duelo– puede mencionar los cambios que va sintiendo o experimentando en su cuerpo, en su mente y en su alma a causa de una pérdida significativa.

Estos cambios pueden manifestarse en diversos aspectos:

- **Aspecto físico:** Pudieras sentir el pecho y la garganta apretados, falta de aire o de energía, debilidad muscular, desórdenes digestivos y relacionados al sueño, entre otros. Cuando el participante me va mencionando los cambios que ha sentido en su cuerpo, generalmente, se va dando cuenta de su realidad y de lo importante que es la recuperación de todos los demás aspectos impactados por la pérdida.

- **Aspecto emocional:** Los posibles sentimientos que pudieras experimentar como parte de un duelo son: tristeza profunda, enfado, culpa, ansiedad, impotencia y fatiga emocional quizás por considerar, por ejemplo, el no haber hecho o podido hacer algo que evitara la pérdida.

- **Aspecto mental o cognitivo:** Se refiere a los pensamientos racionales, a lo mental. Podrías sentir confusión, incredulidad, y tener preocupación continua, olvidos frecuentes y hasta alucinaciones.

- **Aspecto de la conducta:** Pudieras experimentar limitaciones o cambios significativos en la rutina o hábitos cotidianos, aislamiento o conductas de riesgo y el evitar o acaparar lugares, objetos o fotos relacionados al ser querido.

- **Aspecto espiritual:** Cuando ocurre la pérdida significativa, pudieras enfrentar una crisis espiritual y hasta sentir tu fe quebrantada. En ocasiones, podrías cuestionarte el sentido de la vida y la muerte.

El duelo involucra muchos cambios en las emociones, acciones y se expresa de muchas maneras diferentes. Se espera que a través de este proceso de sanación se vaya disminuyendo la intensidad inicial del dolor hasta un grado de alivio y aceptación que permita integrarse a la vida nueva de manera sana y funcional. Esto requiere del interés y la **participación activa** del doliente en su proceso. También puede haber ocasiones en que se necesite del apoyo y ayuda profesional, tal y como ocurrió con una de mis participantes.

Estas fueron sus palabras en una de mis intervenciones con ella: «En el ciclo de la vida está incluida la pérdida y yo no estaba preparada para perder a mi madre». Hizo una pausa, suspiró y continuó diciéndome: «Mi madre falleció de cáncer... tres años de lucha, con sus altas y bajas, sus recuperaciones y recaídas. Es una enfermedad muy triste. Fue doloroso ver cómo iba cambiando desde su cuerpo hasta su forma de ser y pensar. Fue una enfermedad larga y agonizante. Hace ya un año de su muerte y para mí fue ayer. Ha sido bien difícil... aunque tengo mi familia, me siento sola».

Ella aún no ha podido trascender ese momento, tendía a mostrar una fase aguda de su duelo con potencial a prolongarse. Sin embargo, mostró una actitud de apertura hacia el ejercicio de describir sus sentimientos y reacciones. Resaltó la gran pena que sentía al ver las fotos de su mamá. Me expresó que lloraba y suspiraba mucho. Luego de mencionar lo que experimentaba en los diferentes aspectos, me dijo: «Estoy bien cargada y no me había dado cuenta hasta ahora que usted ha hecho que me describa y me vea a mí misma». Le dije: «Es totalmente normal que te sientas así, sin embargo, aun en tu dolor, has logrado autoevaluarte. Ahora se te va a hacer más fácil sanar».

Como sabía que era una mujer de fe, le dije: «Ahora bien, ¿qué me puedes decir de tu fe?, ¿cómo te sientes?». Respondió: «Yo sé que Dios no me ha abandonado y sé que esto es parte de su plan Divino, pero... (comenzó a llorar) ...no sé por qué tuvo que morir, sé que estaba enferma, era una mujer de fe, se podía haber sanado. Todos los días hablo con Dios y le pregunto *¿por qué?* y no encuentro la respuesta». Mi respuesta hacia ella fue: «Ora, medita, conversa contigo y a su vez con el Señor. Encontrarás las respuestas a tus preguntas. Nunca pierdas la fe, es solo tuya. Solo tú y tu fe lograrán encontrar y construirle un nuevo sentido a la vida».

Podemos pensar que el duelo es como ponerse en contacto con un vacío que ha dejado la pérdida, quien no está o lo que no está. Se experimenta sufrimiento y, en ocasiones, hasta frustración. La conciliación con el dolor puede que no suceda según lo esperado. Sin embargo, el duelo vivido de una manera sana sirve para purificar, transformar el corazón y, poco a poco, construir un nuevo sentido y propósito de vida.

Atravesaremos un largo proceso de posibles cambios contundentes que nos llevarán a contemplarnos de otra manera. Realmente, no volveremos a ser exactamente la misma persona que éramos antes de la pérdida, sin embargo, podemos ser mejores. Todo cambia.

Hay diferentes tipos de duelo

- **Duelo normal.** Es cuando se acepta la pérdida. Pudieras pasar por diferentes etapas de cambio y las superas. Te duele, sientes la pérdida, pero no arrastras ni te estancas en la pena intensa para siempre. Te conservas funcional en todas tus dimensiones como ser humano, aunque por algún periodo o por momentos hayas podido tener dificultades para adaptarte.

- **Duelo complicado.** Puede incluir no aceptar la muerte, recuerdos persistentes de una relación, llanto profuso a pesar del paso del tiempo, culpa extrema, desarrollo de enfermedades o somatizaciones (ansiedad, palpitaciones, falta de aire, picor en la piel y otras sensaciones a nivel físico) lo que puede culminar en un **duelo patológico**. En el duelo complicado, las emociones y los sentimientos se pueden obstaculizar intensamente. Es cuando no nos permitimos sentir el duelo, cuando pretendemos «estar bien» y no lo estamos. De la misma manera, podemos estar en constante sufrimiento y tener pensamientos de reclamos fuertes y persistentes hacia la persona que murió. También se refleja cuando conservamos con sufrimiento intenso y prolongado, recuerdos y objetos de la persona fallecida, en vez de conservarlos con amor y gratitud por lo compartido.

- **Duelo patológico.** Algunas señales son cuando nos quedamos estancados en «lo que no hice que pude haber hecho», «lo que dije que no debí decir», «lo que aguanté y no debí haber aguantado», etcétera. Se puede manifestar de muchas maneras diferentes y presentar etapas o procesos muy particulares y complejos según la experiencia y el tipo de relación con la persona o circunstancia perdida.

- **Duelo anticipado.** Puede incluir, por ejemplo, el dolor que sentimos en privado o en familia antes de que muera un ser querido o por una enfermedad amenazante a la vida. El duelo anticipado puede manifestarse también en el paciente ante el diagnóstico de una enfermedad terminal, entre otras posibles situaciones. A menudo se considera como una predicción dolorosa de lo que vendrá. De esta manera, nuestra mente, corazón y alma se preparan para la pérdida

- **Duelo ausente.** Es poco común y muy difícil de determinar porque no presenta signos evidentes ni verificables de reacción a la pérdida en ninguno de los aspectos físico, mental, emocional o espiritual. La persona bloquea sus sentimientos. Actúa como si nada hubiera sucedido y se vuelve completamente hermético al tema. Es un mecanismo de negación. El impacto ha sido tan fuerte que la persona no se siente capaz de afrontarlo y, al no hacerlo, puede estar más irritable, ansiosa y se puede enfermar.

- **Duelo inesperado.** Es la reacción a la pérdida cuando, por ejemplo, muere un ser querido de manera repentina: por un accidente de auto, un infarto fulminante, un derrame cerebral, caída, suicidio, asesinato, entre otros. La pérdida durante la gestación (aborto) también es otro evento que detona el duelo inesperado.

Cada duelo tiene su propio tiempo. La duración o la intensidad del duelo no guarda relación con la intensidad de nuestro amor hacia la persona que ya no está.

El poder de la espiritualidad ante el duelo anticipado

En los últimos cinco años, mi esposo había tenido una transformación espiritual extraordinaria: leía mucho, estudiaba la Palabra y vivía en constante oración, meditación y contemplación. Cuando estuvo en el hospital, aceptó su diagnóstico con total tranquilidad. Era un hombre con una fe inquebrantable. Allí comenzamos a experimentar juntos un duelo anticipado: él, ante la posibilidad de morir y yo, ante la posibilidad de que él muriera.

Comenzamos a vivir día a día, y cada uno de ellos traía una noticia diferente ante el cuadro de salud tan complicado de Jerry y las pocas probabilidades de recuperación. Cada noche, cuando se iba la visita y cada mañana –usualmente de madrugada, pues apenas dormíamos–, hacíamos nuestras oraciones, nuestras lecturas y sentíamos la presencia de nuestro Señor en todo momento. Jerry se mantenía en constante oración mientras que yo, tanto le acompañaba en ella como trataba de entender el nuevo diagnóstico y cuadro clínico, el cual variaba cada día. Pensaba en cómo serían los próximos días sin él y me surgía un sinnúmero de preguntas, todas muy válidas y normales ante esa situación, pero siempre me sostuve en la consciencia espiritual a pesar de lo que pudiera deparar el futuro cercano.

Las etapas del duelo

Elisabeth Kübler-Ross, nacida en Suiza, psiquiatra, pionera de la tanatología moderna y autora de varios libros sobre el tema de la muerte, identificó por primera vez en 1969, las **cinco etapas de duelo**. Según su experiencia con pacientes en fase terminal, ella afirma que luego de la muerte de un ser querido, las personas inician un proceso para lidiar con la pérdida: **la negación, la ira, la negociación, la depresión y la aceptación son las cinco etapas del duelo, según presentadas en su libro *Sobre la muerte y los moribundos*.**

Estas cinco etapas no surgen necesariamente en un orden específico ni tienen la misma duración en todas las personas. Asimismo, no todo el mundo experimenta cada una de las etapas. La Dra. Silva Cabrera, autora del libro *Cuando los dibujos hablan*, afirma que *algunas de ellas pueden coexistir mientras una de las etapas se destaca como la dominante.*

La manera más fácil de experimentarlas es no pensar que debes pasar por todas ellas. Lo mejor es mirar cada etapa como una guía en el proceso de duelo. Estas etapas ayudan a entender y a poner en contexto tu nueva situación personal y emocional. Darte el permiso para experimentar las diferentes etapas, tus emociones y cultivar la paciencia en torno a ellas, posibilitan la oportunidad de sanar y de restituir tu vida.

Es bien importante que no juzguemos la manera en que cada persona vive su propio duelo, ya que cada uno lo experimenta de una manera diferente. Cada duelo tiene su propio tiempo.

La duración, manera o la intensidad del duelo no guarda relación con la intensidad de nuestro amor hacia la persona que ya no está.

Primera etapa: la negación

Negar la realidad de la situación puede ser la primera **reacción normal** que mostramos tras una pérdida. Podemos decir que es un mecanismo de defensa que amortigua el impacto inmediato de la pérdida que hemos tenido. Es una respuesta temporal que nos lleva a través de la primera oleada del dolor. Se bloquean las palabras y se esconden los hechos de la nueva realidad. No es que neguemos la pérdida o la muerte, más bien es ese sentimiento de incredulidad de que no volveremos a ver nunca más a nuestro ser querido. Podemos sentirnos abrumados, como si estuviéramos entre un sueño y la realidad.

Segunda etapa: la ira

En este periodo pueden surgir muchas preguntas, muchos porqués: «¿por qué a mí?», «¿por qué a él?», «¿por qué hoy?», «¿por qué ahora?»...

La persona por morir o el doliente pueden sentir ira por la circunstancia (ya sea de enfermedad o muerte de un ser querido), hacia los demás e incluso, hacia sí mismos. Pudieran creer, pensar y expresar que es injusto lo que están viviendo. Considero que es una de las etapas más difíciles al ser conscientes de lo que está sucediendo. En ambos casos, es importante que se les permita expresar libremente su ira sin ser juzgados. **Ese enojo, ese coraje necesita la oportunidad de ser manifestado y resuelto.**

Tercera etapa: la negociación

La negociación es una **reacción normal a los sentimientos de impotencia y vulnerabilidad.** En ocasiones, puedes sentir la necesidad de recuperar el control de lo que está sucediendo. Esta etapa puede suceder antes de la pérdida cuando el ser querido tiene una enfermedad terminal o después de su muerte, para intentar posponer el dolor que produce la pérdida. En ocasiones, la persona hace un trato con Dios o su poder superior en un intento de posponer lo inevitable. Por ejemplo, cuando dice: «Dios mío, te prometo que si se sana... Dios mío, escúchame y, a cambio...».

Cuarta etapa: la depresión

Puede manifestarse como una tristeza fuerte, una sensación de vacío interior muy profundo, el miedo y la incertidumbre pueden complementar esta experiencia. Darse cuenta de la irreversibilidad de la pérdida puede hasta conducir a una crisis existencial.

En esta etapa puede que la persona se aísle más, se sienta cansada, irritable, susceptible, incapaz de hacer las cosas o de procurar superar la melancolía que le arropa. Estos sentimientos y actitudes pueden ser el indicio de que el doliente ha comenzado a aceptar su situación.

Quinta etapa: la aceptación

Implica que se ha asimilado la pérdida, se reconoce que el ser querido ya no estará más. Aceptar no significa olvido. Intentemos recordarle con amor, alegría y agradecimiento. Mediante la aceptación podemos llegar a sanar plenamente el dolor causado por la pérdida, sanamos las heridas del vacío, la soledad, la desesperanza, los rencores, los corajes acumulados que se llevan por dentro. Reconocemos que somos fuertes y bendecidos. Este proceso nos ayuda a reflexionar sobre el sentido de la vida, así como lo que queremos hacer a partir de ese momento. Es cuando pensamos y sentimos que todo va a estar bien.

Te invito a hacer el siguiente ejercicio para que puedas determinar en cuál de las cinco etapas te encuentras en tu proceso de duelo.

Ejercicio:

¿En cuál etapa te encuentras?

1. Revisa cada una de las etapas del duelo.

Cinco etapas del duelo de Kübler-Ross

2. ¿En cuál etapa entiendes que estás ahora?

Marca en la gráfica donde estimas te encuentras a la fecha de hoy. Puede ser también que te ubiques en puntos intermedios entre una etapa u otra o que marques más de una (pero intenta identificar una que domine sobre las otras). Puedes también escribir aparte la etapa y la fecha en que realizas el ejercicio y repetirlo con el paso del tiempo para que observes tu trayectoria.

Busca ayuda en caso de que notes estar detenida o detenido por mucho tiempo en alguna de ellas antes de la aceptación, o si observas que perjudica de alguna manera tu desempeño y funciones en la vida diaria.

3. Describe cómo te sientes. Incluye la fecha de tu anotación.

¿Cómo sanar el duelo?

Para que el duelo sea sanado debe ser expresado. Por ejemplo: si una persona emotiva e intuitiva reprime su deseo de llorar por querer demostrar que es fuerte y que la pérdida, la muerte de su ser querido, aparentemente no duele, este doliente puede llegar a experimentar un duelo complicado.

Una de las maneras (pero no la única) mediante la cual nuestro corazón destila su tristeza, su pena, su vacío y su soledad es a través de las lágrimas. Si no tuviéramos la oportunidad de llorar, aun deseando hacerlo, esto podría resultar en sentimientos reprimidos y emociones abrumadoras. Las emociones son parte del duelo y el duelo no es un desequilibrio; **el desequilibrio realmente sería si no hacemos el duelo, si no lo vivimos de una manera saludable que es cuando lo reconocemos, lo aceptamos, lo experimentamos a través de las diferentes emociones que puedan surgir y lo expresamos.**

Cuando estamos inmersos en el dolor, nos puede parecer que nunca vamos a salir de ahí. Lo único que deseamos es tener a ese ser querido a nuestro lado y, al mismo tiempo, sabemos que eso nunca sucederá. Reintegrarse gradualmente a la vida de una manera nueva y que sustente una vía para la aceptación es un fin deseado.

Capítulo 3

La aceptación

Tu nueva vida

En tu interior puedes encontrar esa paz que necesitas en este momento de dolor, de vacío y de soledad. Enfrentarse a la pérdida y a la muerte es un proceso muy duro. Nuestras emociones pueden ser muy variadas cada día. Practicar el desprendimiento profundo y despedirnos de nuestro ser querido en total gratitud por las experiencias vividas, nos ayudan a trascender la desolación.

Por mi experiencia personal, el proceso es más fácil y menos doloroso cuando estamos en gratitud y lo manejamos desde el amor. Considero que un primer obstáculo para llegar a la aceptación y estar en paz es la negación de la nueva realidad sin el ser querido. Cuando estamos dispuestos a aprender y a vivir a pesar de esa pérdida, y a crecer a través de nuestras distintas emociones, comenzamos a depositar nuevas energías en la familia, en las amistades y en nosotros mismos. De esta manera, podemos también aprender a relacionarnos de forma diferente con el recuerdo de la experiencia vivida, la persona fallecida y con su significado para cada uno de nosotros.

Quiero compartir la experiencia de una joven de 32 años con diagnóstico de cáncer en los pulmones y luego, metástasis. Cuando fue diagnosticada por primera vez, para ella fue muy fuerte. Sentía que se iba a morir rápido, no entendía por qué a ella le estaba pasando eso, lloraba todos los días y se hacía múltiples preguntas.

Una vez entendió el proceso al cual iba a ser sometida, comenzó a sentir paz, esperanza y mucha fe al igual que su familia (mamá, papá y hermanos). Decidió disfrutar cada momento de su vida, siempre estaba alegre y en oración. A todo el mundo ella le daba las gracias y le daba la bendición. En las oficinas médicas, ella aconsejaba y motivaba a otros pacientes. Quería a todo el mundo y se dejaba querer. Recibió tratamiento durante tres años. Tuvo sus altas y bajas y su cuerpo cada vez se comprometía más y más. Las probabilidades de sobrevivencia cada día disminuían, sin embargo, su fe, su agradecimiento constante hacia la vida y hacia sus familiares eran su fortaleza. Esto los ayudó a todos ellos a aceptar y entender la su enfermedad.

Ella decía que había un propósito con todo eso. A la hora de la verdad, cuando ya la medicina no podía hacer nada más por ella y solo podía ofrecerle medicamentos para aliviar el dolor de su cuerpo, ella continuaba con su paz, con su agradecimiento y su fe. Llegó a sentirse deseosa de estar ante la presencia de su Dios Padre. Sus familiares, padres y hermanos eran consolados por ella. Estaban en gratitud, desde una atmósfera de amor y aceptación. Gracias a ello, su proceso de muerte fue más fácil y menos desolador.

Cuando ella falleció, la gratitud cultivada continuó en su familia a pesar del dolor experimentado por la partida. Esta familia vivió un duelo anticipado, el cual también les permitió prepararse para el desenlace. Ellos decían: «Esto es lo que nos ha tocado vivir como familia, Dios no nos ha abandonado y si ella estaba tranquila, en paz, nosotros también lo estamos. Ella nos ha ayudado a ver la vida de otra manera y a aceptar la muerte».

Actualmente, su familia siente su vacío –lo cual es normal cuando tenemos una pérdida muy significativa–, sin embargo, vive en total agradecimiento. Los familiares la recuerdan y honran con amor, respeto y con la esperanza de que algún día se volverán a encontrar. La actitud positiva, a pesar de la terrible enfermedad, resulta inspiradora ante las experiencias personales que podamos enfrentar.

¿Qué podemos hacer para lograr la aceptación?

Cuando nos enfrentamos a nuestras pérdidas, llegar a aceptarlas puede ser algo turbulento y podemos sentir que no sabemos cómo actuar. Los sentimientos y las emociones son bien variados y diferentes para cada persona y, aun así, se podría llegar a la aceptación de la nueva realidad. Según la Dra. Silva Cabrera, influyen en el proceso «los conceptos personales y culturales sobre la pérdida, la muerte y el luto (...). A esto se añaden las creencias espirituales o aquellas cimentadas en los valores personales como recursos para la aceptación y trascender la experiencia de la pérdida».

Reconocer la pérdida es el primer paso para adaptarnos de la mejor manera posible a la situación que nos sobrevino, para iniciar la sanación, estar en paz y sentirnos bien con nosotros mismos.

Lo saludable sería poder aceptar la pérdida. Aceptar es sinónimo de «admitir» y es lo opuesto a «evitar» o «eludir». El aceptar nos ubica en posición para afrontar la pérdida: buscar soluciones, aprender a vivir con la situación de la mejor manera posible e intentar ser feliz a pesar de ella.

Muchas personas se resignan ante la pérdida de un ser querido. **La resignación no es lo mismo que la aceptación. La resignación puede resultar en mayor sufrimiento y alargar los procesos del duelo.** Se suele escuchar «No nos queda más remedio, tenemos que resignarnos» y con ello se intenta llevar a cuestas el sufrimiento lo mejor posible. Se aguanta, casi sin poder, lo que nos haya tocado vivir. Desde mi perspectiva, el adiós que le dijimos a nuestro ser querido no es un adiós para siempre, es un adiós que significa *te echaré de menos hasta que nos volvamos a encontrar.* En mi experiencia, esta afirmación nutre nuestra aceptación por medio de la esperanza y minimiza el peso del dolor.

El recordar persistentemente a nuestros seres queridos fallecidos y pensar sin pausa en el pasado puede ser un indicador de tristeza y nostalgia. La idea de que alguien o algo muy amado no pueda estar en nuestra vida es difícil de entender y asimilar. De esta dificultad se origina la añoranza. El recordar a nuestros seres queridos con amor y agradecimiento permite que podamos sentir su presencia de otra forma. Como muy bien dice Elisabeth Kübler-Ross, en su libro *Sobre la muerte y los moribundos:* «La muerte no es más que el abandono del cuerpo físico, de la misma manera que la mariposa deja su capullo de seda. La muerte es el paso a un nuevo estado de consciencia en el que se continúa experimentando, viendo, oyendo, comprendiendo, riendo y en el que se tiene la posibilidad de continuar creciendo. La única cosa que perdemos en esta transformación es nuestro cuerpo físico, pues ya no lo necesitamos. Es como si se acercase la primavera, guardamos nuestro abrigo de invierno, sabiendo que ya está demasiado usado y no nos lo pondremos de todas maneras. La muerte no es otra cosa».

El amor compartido puede trascender la separación física hasta ser la fuente de alivio y de la reintegración a la vida nueva. **Si hay algo que ni siquiera la muerte rompe es el AMOR. Aunque ya no podamos ver a la otra persona, ni escuchar su voz, ni mirarle a los ojos, abrazarla y sentir su aroma, siempre podremos cerrar nuestros ojos para recordarla, para decirle desde nuestro corazón que le echamos de menos, que la amamos, que nos perdone, que nos abrace. Desde ahí vamos a sentir los verdaderos consuelos.**

Aprender a decir adiós
y vivir en agradecimiento

Aprender a decir adiós no es olvidar. Aprender a decir adiós es aceptar que debemos dejar ir y que debemos seguir el camino de nuestro viaje por la vida. **Aceptar, dejar ir y decir adiós, no es olvidar al ser que amamos.** Se puede vivir un adiós lleno de esperanza y agradecimiento. Aprender a decir adiós es aceptar que debemos vivir todo un proceso de sanación.

La tanatología como recurso de ayuda
para el adiós

Llevaba tres semanas trabajando con un joven de 14 años de edad. Su mamá era paciente de cáncer de colon ya con metástasis. Hasta el momento del inicio de mi intervención, el joven no estaba al tanto de todo lo que sucedía. Su familia lo «protegía» y evitaba que viera a su mamá en su estado crítico. Para que él no sufriera, le decían constantemente que ella estaba bien y que todo estaría bien. Pensaban que eso era lo correcto. Me preparé mental y emocionalmente para apoyar al joven.

Comencé a trabajar con él la aceptación, entender el proceso que enfrentaba su mamá y las probabilidades presentadas a ella, ya que la ciencia, la medicina, no podía hacer nada más por ella. Él era un joven alegre, con unas metas muy claras, lleno de fe y esperanza, muy enfocado en sus estudios, pero, a su vez, con una mirada un poco perdida y con muchas preguntas.

Según nos fuimos reuniendo y nos íbamos conociendo, fue surgiendo una hermosa conversación sobre el aceptar la situación. Hablamos de la condición de su mamá desde que fue diagnosticada, de todo su proceso de tratamiento, de cómo habían sido sus días juntos antes y después del diagnóstico. Habían disfrutado días alegres, llenos de ese amor único de una madre hacia su hijo. Hablamos de la muerte como parte inevitable de la vida, lo misteriosa que es, y que todos la enfrentaremos de una manera u otra. Hablamos sobre la importancia de agradecer en todo momento, de orar y mantener la fe.

Ya había pasado cuatro semanas del comienzo de mis intervenciones con él, cuando aquella tarde del miércoles, su hermosa madre comenzó su proceso de agonía. El joven me pidió que le acompañara al hospital para ver a su mamá, a quien no veía hacia unos días. Acepté acompañarle y nos encontramos en el hospital. Una vez allí, el médico me indicó que el cuadro clínico de ella no era muy alentador, ya solo esperaban por su partida.

Luego de desarrollar una conversación casual sobre cómo transcurrió su semana, le pregunté: «¿Estás preparado para ver a mamá?». Me respondió: «Sí, pero no sé cómo está y tengo miedo». «¿Miedo a qué?», indagué. Me dijo: «A cómo ella esté. No sé si se alegrará de verme. Sé que ella no está bien, pero confío que se va a sanar y va a estar bien».

Al escucharlo se me formó un nudo en la garganta... De inmediato le dije: «Es normal que sientas ese miedo. Cuando tenemos a nuestros seres queridos enfermos, en un hospital o en el hogar, nos sentimos con esos temores, dudas y varias preguntas en nuestra mente, pero hay que confiar y estar tranquilos. Cuando te sientas preparado, me avisas y entramos». En esos segundos solo le pedí a Dios que lo llenara de serenidad y paz.

Él me dijo: «Ya estoy preparado, vamos a verla». «Perfecto, vamos. Cuando veas a Mamá, la saludas, le hablas, si deseas tocarla, la puedes tocar. Toma tu tiempo, yo estaré contigo», le contesté.

Entrar a la habitación y escuchar la respiración de su madre fue impresionante para el joven.

Realmente fue impresionante verla tratar de respirar y no poder, muy ansiosa, moviendo su cabeza de lado a lado, sus ojos muy abiertos como si buscara a alguien o tratara de decir algo. Él se detuvo, me miró y le dije: «Vamos a saludarla». Él no sabía qué hacer, estaba impresionado. Caminé hacia ella y la saludé, le agradecí la oportunidad de haberla conocido. Luego le dije: «Mira quién me acompaña, te tengo una sorpresa». Él se había quedado quieto, no se movía, solo la observaba de lejos. Lo miré, le sonreí y le dije: «Ven aquí, a mi lado para que te vea».

Mientras él se acercaba, le dije a ella: «Mira la sorpresa... aquí está tu querendón». Cuando ella lo vio, suspiró, sus ojos se llenaron de alegría y le brotaron las lágrimas; observé que eran de amor y gratitud. Él le decía: «Mami, no llores, tranquila, estoy bien y bien contento de verte. Vine con ella pues me ha ayudado mucho en estas semanas y quería verte. Quiero que estés bien para que te vayas a casa conmigo». Ella lo miraba con ternura y asentía con su cabeza.

Entonces, le dije: «Toma tu tiempo, háblale de todo lo que desees, déjale saber lo que sientes por ella; yo estaré aquí». Me retiré de su lado y me paré al pie de la cama para darle su espacio. Mientras observaba esa escena de puro amor y llena de ternura, comencé a orar y a pedirle al Señor que se hiciera sentir en ese espacio, que los llenara de su gracia y su paz, que sanara sus corazones. Ella no podía hablar, pero su mirada tierna, llena de amor y alegría lo decía todo. El joven le hablaba, le decía que la amaba, le daba las gracias por ser su mamá. Le pedía que se curara para que pudiera regresar a la casa con él. Le daba las gracias nuevamente por cuidarlo, por enseñarlo a ser buena persona, por tener fe y creer en Dios. Yo sabía que Dios estaba presente, que lo llenaba de su gracia y que le brindaba paz y fortaleza.

Al salir de la habitación, su mamá se quedó tranquila. Se sentía paz en el ambiente. Una vez en el pasillo, el joven comenzó a llorar, sin consuelo. Nos sentamos en el piso, le dejé su espacio y tiempo para que llorara, lo acompañé en silencio. Al cabo de 15 minutos, ya un poco más calmado, me dijo: «Gracias por estar conmigo, gracias por acompañarme. Ya estoy tranquilo. Espero que mami mejore y salga bien de aquí y si no es así, yo estoy bien y le agradezco todo, hasta la vida. Como tú me dijiste un día, Glori, todos tenemos nuestro momento y yo creo que el de mami es ahora, estoy en paz y agradecido». Al escucharlo, mi corazón se llenó de alegría y gratitud. Aun en el dolor, este joven estaba en total agradecimiento y apertura hacia la experiencia que le tocara vivir. Percibí perfectamente que esa paz que él sentía y transmitía venía de su fe.

Pasada la noche, recibí una llamada para notificarme su fallecimiento, hora y media después de haber recibido la visita de su hijo. Fue una muerte tranquila, en paz. Entonces, entendí que lo que ella deseaba era verlo, despedirse de él y estar segura de que todo estaría bien...

A esto le llamo «los misterios de la vida y de la muerte».

Han pasado cinco años. Aquel adolescente ya es un joven universitario y está próximo a cumplir sus 19 años. Vive en total agradecimiento. Oleadas de su duelo han podido ser manifestadas de maneras espontáneas al llegar las fechas especiales, pero, aunque pueda sentir mucha nostalgia, ha aprendido a manejarla muy bien y a decir adiós sin que eso signifique olvidar. Agradece, celebra la vida, ora, habla con su mamá, le pide la bendición. Puedo decir que es un joven feliz, lleno de amor, paz y fe, que aceptó un proceso en pos de la sanación de su dolor y que ha seguido con valentía su caminar en la vida.

Capítulo 4

La sanación

Del dolor a la sanación

«Cada uno en su universo siente el dolor como algo inmenso».

-Bebe, canción «Respirar»

Todos reaccionamos de manera diferente ante la muerte y, aun así, podemos sanar el dolor experimentado por la pérdida. Sí, podemos lograr esa sanación. ¿Qué significa esto? El gran amor que sentimos por nuestros seres queridos fallecidos puede ser uno de los recursos principales para aliviar o trascender el dolor originado por su pérdida.

Puede que no sepamos qué nos va a suceder después de la pérdida de un ser querido, ante nuestro dolor y todo el sufrimiento causado por «ese adiós». Podemos pensar que la sensación de vacío, soledad y angustia no pasarán jamás, aunque estemos rodeados por la familia, los vecinos, las amistades o los compañeros de trabajo mientras nos expresan sus buenos deseos.

Todo podrá o volverá a estar bien en su momento y seguramente, estaremos sostenidos por el amor de nuestros familiares y amigos. Sin embargo, no habrá palabras de consuelo que hagan desaparecer el proceso de un duelo como reacción humana a las pérdidas. **El duelo no significa solo «dolor», también es la reintegración a la vida de una manera gradual, nueva y llena de esperanza.** Esto es la sanación ante la pérdida: todos podemos vivirla y sentirla.

La sanación es un proceso que va de adentro hacia fuera. El potencial de sanación ante el duelo reside en el interior de cada persona que desea sanar. Implica una aceptación de nuestra nueva realidad, nuestra nueva vida. Una persona que ha experimentado la sanación ante una pérdida es quien ha podido procesarla integrando armonía, comprensión y aceptación, incluso potenciando lo mejor de sí. Esta persona también valida y respeta el duelo de otros y las diferentes maneras en que puede ser expresado. Si no sanamos, si no tenemos una actitud madura o de apertura hacia las situaciones de cambio significativo que la vida nos pueda presentar, nuestro proceso hacia la sanación podría complicarse.

Te invito a cultivar una actitud en el duelo que te nutra como ser humano y que también pueda influir positivamente en la familia, los amigos, los compañeros e, incluso, el ambiente. Recordemos que cada persona reacciona a la pérdida y vive su duelo a su manera y ritmo, y eso está correcto. Vigilar la seguridad propia y la de nuestros allegados mientras se está en el proceso de reacción también es de suma importancia.

¿Cómo puedes manejar el duelo para sanar?

Comparto contigo algunas ideas y sugerencias que he puesto en práctica tanto en mis intervenciones de tanatología como en mis experiencias personales.

- **Acepta tus propios sentimientos**

Tómate un tiempo para aceptar la pérdida de tu ser querido, date permiso para estar triste y llorar, y para entender y darle sentido a la pérdida. No hay razón alguna para ocultar el dolor y la tristeza que sientes. Aunque te parezca contradictorio, vive el dolor, siéntelo y agradece tu resiliencia para manejarlo. Poco a poco, nuestro cerebro va adaptándose a nuestra nueva realidad y se va asimilando la pérdida.

Pueden aparecer otras reacciones tales como el agotamiento físico y mental, la ansiedad, el sentimiento de impotencia, la desesperación, la insensibilidad, la confusión, el vacío, el miedo... Cuando esto suceda, es constructivo darte la oportunidad de sentirlos, aceptarlos y atravesar por ellos. Comunícate y expresa tus sentimientos con tus seres queridos o con la ayuda de un profesional.

- **Llora cuando desees llorar**

No reprimas el deseo de llorar por el qué dirán, el «no quiero que me vean llorar para que no sufran», el «no quiero que mis hijos me vean llorar». No aparentes ser fuerte y no llorar. Reprimir el llanto te puede debilitar aún más, es lo que el cuerpo desea; no lo bloquees o evites. Las lágrimas, sentirlas bajar por nuestro rostro pueden sanar el alma, nos suavizan y suavizan el dolor. En mis intervenciones les digo a mis participantes que reprimir el deseo de llorar es como si cogieras una bola de baloncesto y la trataras de hundir en la piscina, en su momento va a salir a flote con fuerza y eso es lo mismo que sucede cuando reprimimos el deseo de llorar. Llorar es beneficioso, no te reprimas.

- **Permítete llorar frente a tus hijos**

Si tienes deseos de llorar y estás con tus hijos, llora. Si estás hablando con tus hijos de tu ser querido que ya falleció y te abruman los recuerdos y las emociones y deseas llorar, llora.

Llorar delante de los hijos no debe evitarse. Es recomendable llorar también con ellos. Cuando lloramos, les mostramos a nuestros hijos que nuestras emociones son válidas y que se pueden expresar. Se les muestra que uno llora porque está triste, porque se echa de menos al ser querido, entre otras razones. Podemos demostrarles nuestra vulnerabilidad, que no significa ser débiles, al contrario, el desahogarnos nos ayuda a fortalecernos para seguir adelante.

Con el llanto se pueden liberar las emociones que están enterradas para poder ver las cosas desde otra perspectiva. Recuerda que llorar no es sinónimo de debilidad, por el contrario, llorar libera tu espíritu y te relaja. También se puede llorar porque sentimos alegría, felicidad y gratitud.

Cuando sea necesario, llora con tus hijos, comparte este momento significativo con ellos. Ellos aprenderán que las emociones, cuando se expresan de manera saludable, ayudan a sanar.

- **Habla con otras personas sobre tu dolor**

Date permiso para hablar con tus seres queridos, expresar tus emociones, tus miedos y preocupaciones. Comparte tus sentimientos y tu tristeza. También escucha a los que te rodean. Hablar de tus sentimientos por la pérdida, te ayuda a asimilar la situación. Habla de la persona que ya no está contigo y recuerda con ellos los momentos que compartieron, los buenos y hasta los no tan buenos. Expresar cómo te sientes, las cosas que deseas hacer, el hablar del proceso por el cual estás pasando o por el que ya pasaste y que aún no logras sanar, será de gran ayuda. Hablar de cómo fueron tus vivencias, de cómo fueron tus días y noches junto a tu ser querido en sus últimos momentos, te ayudará a liberar emociones, a ordenar tus pensamientos y a ver de manera distinta tanto las situaciones que estés atravesando como las decisiones que pienses que tendrás que tomar; tal vez no necesites tomarlas en ese momento. Puede que también requieras la ayuda de un profesional de la salud o de apoyo y consejo espiritual. No te cohíbas de buscarlo.

- **Aléjate de las personas con quien no se deba compartir o con quien puedas experimentar dinámicas que no sean saludables**

Al momento de expresar tus emociones, cómo te sientes, qué has logrado hacer, cuáles son tus planes, tus deseos y tus vivencias, entre otros temas, es posible que te encuentres con personas incorrectas que no contribuyan a tu salud mental, tu bienestar y tu seguridad. Considera bien con quién hablas y compartes tus emociones.

Algunas personas no son las adecuadas porque te pueden hacer comentarios hirientes y, de manera consciente o inconsciente, hasta te pueden inducir sentimientos de limitación o de culpabilidad. Si esa es tu situación, mejor aléjate de ellas por tu bien. Busca un familiar, un amigo o una persona de confianza, director espiritual, un profesional de la salud, un consejero o un tanatólogo y habla de ti, de tu situación. **No hay razón para ocultar el dolor; es más, este disminuye cuando se comparte con las personas correctas.**

- **Comparte, socializa con tu familia o amistades**

Comparte con la familia, con buenas amistades, ve a cenar con ellos o invítalos a tu hogar a un desayuno, almuerzo, cena o a un café. Habla, disfruta, escucha a tus familiares y amigos, ríete y vive el momento. Y si se da la oportunidad, recuerda los buenos momentos vividos y compartidos con tu ser querido, recuérdalo con alegría. Agradece a todos por su compañía y permítete sentirte feliz durante ese compartir que es muy importante.

- **Recuerda, honra y valora los buenos momentos**

Con el pasar de los días y en fechas significativas, las emociones se pueden agudizar. Cuando ocurra, te recomiendo que vivas y sientas esa emoción y que intentes hacerlo con gratitud. Si sientes que debes llorar, hazlo. Los aniversarios de la fecha de muerte, del funeral, del entierro, del cumpleaños y otros relacionados a la persona que murió, pueden ser muy emotivos. Si lo deseas, puedes celebrar el día del nacimiento de tu ser querido que ya no está contigo, Esto podría ayudarte en el proceso de sanación del dolor por la pérdida. Si no hay celebración, puedes recordarle agradeciéndole el haber sido parte de tu vida. Quizás podrías preparar su comida favorita y compartirla con la familia.

- **La visita al cementerio**

Si quieres ir al cementerio y entiendes que estarás bien, entonces ve. Hazlo cuando te sientas preparado. Esta puede ser otra oportunidad para **recordar, honrar y valorar los buenos momentos.** El ir al cementerio también te puede enfrentar a la dolorosa e irreversible muerte de tu ser significativo, por eso te aconsejo que vayas solo si lo deseas y te sientes preparado. Tampoco estás obligado a ir al cementerio si no quieres, ni tienes que convertir esta visita en una rutina. La visita al cementerio no es la única muestra posible de amor por tu ser querido.

Sin embargo, sí es importante cumplir con las responsabilidades del mantenimiento o pago del espacio adquirido. Si no puedes ocuparte de ellas, delégalas (dentro de tus posibilidades) hasta que logres hacerlo por ti mismo.

• El cumpleaños y días especiales

Recuerdo que cuando se acercaba el día del primer aniversario del fallecimiento de mi esposo, le dije a las nenas: «La semana que viene se cumple un año de papá haber fallecido, de estar en el cielo». Mi niña pequeña, de apenas cuatro años para ese entonces, respondió: «Mamá vamos a comprar un bizcocho y le cantamos cumpleaños». Le dije: «¿Cumpleaños, Fabiola?» Ella me respondió: «Sí, mamá, papá cumple un año de estar en el cielo». Ella lo veía como una celebración y, realmente, para quienes creemos en la vida eterna, sí es una gran celebración. Él llevaba un año ante la presencia de nuestro Dios. Desde entonces, cada año, cada aniversario de fallecido, nosotras lo recordamos con alegría y compramos un pequeño bizcocho para agradecer lo que representó en nuestras vidas. Ya no es un día de dolor ni de llanto, es un día de agradecimiento.

Los recuerdos y los bellos momentos compartidos con él o ella quedarán siempre guardados en la caja de tesoros que es tu corazón. Puedes abrirla en cualquier momento que desees y contemplar lo que hay en ella de manera saludable (con agradecimiento, amor, paz y esperanza): en Navidad, Año Nuevo, Día de Reyes, San Valentín, Día de Acción de Gracias, Padres, Madres, aniversarios, cumpleaños, días festivos o familiares... celébralos con alegría y, nuevamente, sé agradecido, siente la emoción, siente la presencia de ese ser querido.

Otras actividades especiales que puedes hacer en honor a tu ser querido:

- Planta un árbol en su honor; si es su árbol preferido, aún mejor. La naturaleza en todo su esplendor nos recuerda el milagro de la vida. En un árbol podemos sentir reflejada la presencia de nuestro ser querido.
- Si le gustaba aportar o pertenecer a alguna organización sin fines de lucro, puedes continuar su legado o participar en ella si así lo deseas. Si lo haces, verás lo bien que te vas a sentir con solo haber aportado de alguna manera en el proyecto del cual él o ella estaba orgulloso.

• **Habla con tu ser fallecido**

«Más allá de cualquier sombra de duda, yo sé que no existe la muerte como la comprendimos. El cuerpo se muere, pero el alma no».
— Elisabeth Kübler-Ross

El hablar con tu ser querido no es cosa de locos. Aunque él no esté físicamente, háblale y agradécele los días de felicidad, agradécele los años que compartieron juntos, incluso agradécele las diferencias o discusiones que tuvieron; en su momento, esas diferencias les ayudaron a ser mejor pareja, mejor amigo, mejores hermanos, mejores padres... mejores seres humanos.

Esos pequeños momentos de conexión mental o espiritual con tu ser querido pueden lograr que expreses tus sentimientos y preocupaciones y que reflexiones sobre cuáles serían sus palabras, sus consejos, su opinión. Es natural que, según pase el tiempo, la necesidad de este diálogo disminuya hasta no necesitarlo. Esto no significa olvido o falta de amor. Es el poder que se manifiesta dentro de ti para integrarte renovado y con optimismo a la vida que te espera. También, con el tiempo, sentirás más confianza y de seguro encontrarás la respuesta a tus inquietudes.

- **Interésate por la continuidad de la vida**

El tener una rutina saludable te ayudará a que tu proceso de duelo sea un poco más llevadero. ¡Créala! Una **buena alimentación** es clave. Si tomas algún medicamento, no lo dejes de tomar a menos que sea por indicación médica.

Sobre todo, en momentos como estos, tenemos que cuidar y velar por nuestra salud, por nuestro bien, tanto física, mental, emocional y espiritualmente.

De igual manera, el **hacer algún ejercicio físico**, descansar y dormir las horas adecuadas es muy importante, aunque los primeros días, semanas y, posiblemente, meses no puedas conciliar bien el sueño. Puede ocurrir también lo contrario: que pases la mayor parte del tiempo durmiendo. **Monitorea tu patrón de sueño** y permanece atento a irregularidades persistentes que puedan representar patologías, por ejemplo: ansiedad, depresión, taquicardias, presión arterial alta o baja, desórdenes en los niveles de azúcar, asma o fatiga, entre otras.

Cuando no se acepta la pérdida, el proceso de duelo se complica y puede manifestarse a través de una enfermedad. Busca ayuda médica o de un profesional de la salud.

- **Medita, ora, escucha música, lee, escribe**

El cuidado espiritual es muy importante. Mediante la oración, la meditación y el contacto personal con el Ser Superior se puede cultivar el crecimiento espiritual.

Escuchar música ayuda a aumentar la felicidad, disminuye la tristeza, reduce los niveles de estrés y de ansiedad, lo que también ayuda a mejorar el sueño. La lectura de un buen libro nos despierta la mente, nos puede ayudar a encontrar respuestas y a sentir paz y consuelo en medio del dolor. A través de la lectura ampliamos nuestro conocimiento, nos enriquecemos y nos educamos para ser mejores personas.

Escribir un diario o una carta de despedida te puede ayudar a expresar tus sentimientos, emociones y recuerdos. Esto te ayudará a ir asumiendo poco a poco la nueva realidad. Te sentirás muy bien, en paz y armonía.

- **No tomes decisiones precipitadas**

Camina, no corras. El duelo lleva su tiempo. Te aconsejo que no intentes resolver muchos problemas a la vez. Es conveniente tomar decisiones importantes como las legales, cuando hayas superado la confusión y recuperes de cierta manera el control de tu persona y la sensación de tranquilidad y paz. Si alguna persona a tu alrededor te solicita que actúes a destiempo o que tomes decisiones precipitadas tal como el disponer de las pertenencias y propiedades de tu ser querido el mismo día de su entierro, déjale saber que trabajarás en ello en su debido momento.

En ocasiones, puede haber personas deseosas de tomar decisiones que corresponden al doliente, ya sean de índole legal o de otro tipo. Sugiero que consideres detener temporalmente las grandes decisiones personales que puedan complicar tu experiencia como doliente. No cedas tus derechos como persona capaz y competente. Busca orientación y ayuda profesional relevante al tema de interés.

- **Pide ayuda y comunica si necesitas compañía**

Es mejor darte el espacio de sentir tu duelo, tu proceso de sanación, tu nueva realidad y, luego, trabajar con todo lo demás. Solo tú vas a saber cuándo trabajar con cada cosa. Solo tú sabrás si necesitas ayuda y, de necesitarla, la buscarás a su tiempo. A veces esperamos que los demás nos ayuden sin pedirlo, pero, en ocasiones, quienes nos rodean no se atreven a acercarse, se mantienen al margen por respeto y esperan a que tú les digas cómo pueden ayudarte. En la mayoría de los casos, están deseando ayudar y no saben cómo hacerlo. Déjales saber lo que necesitas y cómo te gustaría que te ayuden y te acompañen.

- **Resurge a la vida de nuevas maneras**

Ante la muerte de su ser querido, hay personas que se sienten morir y entierran con él sus sueños y deseos de vivir. Por eso, se quedan sin un sentido de vida y sin un rumbo definido. Piensa que tu ser querido no quisiera verte así. El momento de levantarse y de volver a disfrutar gradualmente la vida merece ser identificado e iniciado. Tras sufrir una pérdida, puedes sentir apatía, pereza y no tener ganas de hacer nada, como decimos: «Nada te huele ni te sabe». A medida que vaya pasando el tiempo, recuperarás tu actividad habitual. Intenta ir retomando actividades que antes te gustaban, busca pequeños espacios para ti y para compartir con los demás. Poco a poco tu vida se irá «normalizando».

Te aseguro que, eventualmente y si te lo propones, vivirás cada momento de tu vida con plena consciencia, disfrutando cada uno de tus pasos de avance y ejercitando la gratitud en las diferentes circunstancias que puedas experimentar. Cultiva tu autoestima y autoconfianza, esto te hará más fuerte frente al dolor.

Si quedaron sueños por lograr, viajes, vivencias por cumplir, en la medida que puedas, el planificarlos y lograrlos te hará bien, ya sea sola o solo, con la compañía de un familiar, de alguien especial para ti y con quien tengas una relación saludable o con nuevas amistades que enriquezcan tu vida. Simplemente, date la oportunidad de tener esas experiencias.

Puede que con el tiempo, en días comunes o en días especiales, tengas nuevas experiencias de vida también muy significativas y que no dependan o activen el recuerdo de tu ser querido fallecido. No temas, ni sientas culpa, recíbelas con apertura si te sientes cómodo. Esto es válido, es parte normal del proceso de adaptación por la pérdida sin que signifique el olvido o la disminución del amor hacia quien murió. El amor es el amor. Vive la vida.

Ejercicios para la sanación

Te invito a realizar los siguientes ejercicios que te pueden ayudar en tu proceso de sanación. Toma tu tiempo, permítete sentir tus emociones.

Ejercicio: La carta

En este espacio escríbele una carta a esa persona que ya no está. Abrázala con tus emociones. Expresa todo lo que sientes hacia ella. Puedes recordar y agradecerle los momentos compartidos y besarle con las palabras. Aunque no está físicamente contigo, está en ti. Si no deseas escribir, puedes dibujar algún recuerdo o momento vivido con esa persona.

Recuerda que quienes se van, dejan tristeza en nuestro corazón, pero también hermosos recuerdos y bellas alegrías por todo lo compartido.

Ejercicio: La foto

Aquí trabajarás con experiencias y vivencias compartidas con tu ser querido. Busca fotos de diferentes momentos, contempla lo que allí sucedía, cómo te sentiste y agradece por esos momentos. Coloca aquí una de tus fotos favoritas con esa persona o ponla en un marco. También puedes ubicarla en tu mesa de noche, en la sala, en un lugar especial o el preferido por ti.

Coloca la foto aquí

Ejercicio: La gratitud

Practica la gratitud. Agradéceles a las personas que han estado a tu lado apoyándote, ayudando, acompañando. Demuéstrales tu gratitud a quienes te llaman cada día para saber cómo estás y si necesitas algo. Lo puedes hacer a través de una llamada telefónica, un mensaje de texto o de una visita. Agradecer te ayudará a reducir el estrés, mejorar la autoestima y fomentar la fortaleza en el proceso. Escribe aquí a quién o quienes les agradeces y por qué sientes gratitud.

Confía en ti, en el amor

Recuerda: No debes huir ni olvidar, sino honrar y agradecer. Siempre dale espacio al amor en tu vida.

Capítulo 5

Un nuevo duelo: el duelo colectivo

El duelo ante terremotos, desastres naturales y pandemias

El año 2020 vino con muchas lecciones de vida no solo para el mundo, también para todos en mi bella isla, Puerto Rico. Además, vino lleno de cambios totalmente inesperados y trágicos. Fue un año intenso: inundaciones, terremotos, la pandemia del COVID-19.

Han sido demasiadas las pérdidas considerando de punto de partida el 2020, tantas y tan diferentes que su novedad y gran impacto ha podido opacar por momentos la narrativa frecuente de grandes pérdidas y desastres naturales previos. Estos eventos del 2020 ejemplifican para Puerto Rico, un duelo que podemos considerar nuevo, especialmente para las generaciones más jóvenes: el duelo colectivo.

Los terremotos

El 6 de enero, Día de Reyes, quedó marcado en la historia de nuestra Isla por un fuerte temblor que afectó el área sur. Como si fuera poco, al próximo día, en la madrugada del 7 de enero, la gran mayoría de los puertorriqueños despertó por el movimiento de otro terremoto de magnitud 6.4 que sacudió toda la Isla y provocó daños mayores en el sur. Luego siguieron las réplicas.

Muchas familias perdieron totalmente sus casas, sus hogares; otras, parcialmente. Una gran cantidad de personas, consciente del riesgo de dormir dentro de sus casas, optó por dormir a la intemperie, en casetas o dentro de los vehículos.

Muchas de las personas afectadas pasaron a vivir en áreas de refugios, rodeados de familiares, conocidos y extraños. Se crearon nuevas amistades y familias extendidas sustentando la ayuda mutua. Aún en la pérdida múltiple, en el dolor colectivo, pudimos ver y sentir el amor, el agradecimiento y la bendición. Los puertorriqueños se desbordaron en bondad, humildad, hermandad, servicio, dedicación, desprendimiento y solidaridad. Numerosas caravanas iban desde todas partes de la Isla hacia el área sur a ayudar a nuestros hermanos y hermanas afectados.

Las lluvias... y las inundaciones

Semanas después del terremoto, llegaron unas lluvias fuertes que afectaron el área sur y las áreas de los refugiados se inundaron. Algunos tuvieron que cambiar de refugio por su bien, por su salud y el bien y la salud de sus familiares. También experimentaron pérdidas y otros desafíos que se han tornado continuos en su vida personal y colectiva que agudizaron y diversificaron su dolor: las rupturas de relaciones afectivas, las separaciones físicas, las pérdidas de empleo, nuevos diagnósticos de enfermedad, otras pérdidas inesperadas que han tenido que enfrentar miles de familias en este país.

La pandemia y la cuarentena

El distanciamiento físico y social provocado por la pandemia del COVID-19 aporta a la experiencia de un duelo colectivo. Considero que la gran mayoría de los puertorriqueños somos muy expresivos en nuestras emociones, nuestros afectos, nuestras atenciones. Se sumó al duelo colectivo de Puerto Rico, al igual que en otras partes del mundo, el inhibirse de la expresión afectiva al no poder visitar, acompañar ni abrazar a sus familiares y amistades porque encabeza como prioridad el proteger y ser protegidos de un posible contagio.

Es algo bien triste y doloroso. La vida ha cambiado para todos. Los familiares no pueden visitar los hospitales tal y como era antes. La muerte de un ser querido puede ocurrir en total aislamiento y durante una cuarentena, se hacen más amargas y dolorosas las condiciones de vida. La salud mental se torna aun más vulnerable.

La pandemia:

- Provoca separación, aislamiento temporero o prolongado.
- Puede provocar una muerte, muchas veces en soledad y aislamiento.
- Afecta a los familiares de los enfermos con la soledad.
- Inhibe las demostraciones de afecto e incluso el acompañamiento de paz y consuelo.
- Inhibe o transforma los velatorios, los rituales de despedida y las maneras de comunicarnos con los demás.
- Impacta la atención y el cuidado a ofrecer a los dolientes.
- Activa un acompañamiento a distancia a través de las llamadas telefónicas, los mensajes de texto o las videollamadas.
- Provoca la necesidad de la autorreflexión como medio de apoyo y consuelo para el manejo de la aflicción.

Es bien fuerte cuando sentimos que no tenemos control sobre la situación y, más aún, cuando nos enfrentamos a la muerte de un ser amado. El duelo personal y colectivo puede complicarse en la medida en que el acompañamiento y las despedidas relacionadas a la proximidad de la muerte de seres queridos sean anulados por el motivo, ya sea de una pandemia, una causa mayor de pérdidas violentas o traumáticas o una emergencia de salud pública.

¿Qué hacer ante estos momentos de dolor?

Te presento las siguientes sugerencias para aliviar el impacto emocional provocado por diferentes circunstancias relacionadas a un evento pandémico, tal y como el que hemos vivido con el COVID-19:

Cuando tienes un familiar enfermo en fase terminal y no lo puedes visitar:

- Mantén la comunicación constante con tu familia por medio de llamadas, videollamadas o mensajes de texto.
- Déjales saber a la persona enferma y a quien le acompaña que los amas, que son importantes, que aún en la distancia piensas en ellos, que cuentan contigo.

- Mantén la calma para que la persona enferma no se deprima más o aumente su ansiedad.
- Sé compasivo y servicial. Aun en la distancia podemos aportar para cubrir ciertos requerimientos del enfermo y de quienes lo cuidan.

Si eres quien acompaña al enfermo:

- Mantén la calma.
- Cumple también con tu cuidado personal.
- Mantente bien informado sobre la situación o circunstancia que se experimenta.
- Mantén las medidas de seguridad y de prevención.
- Sé paciente y compasivo con el enfermo.
- No lo aísles socialmente. Búscale formas de interacción alterna con sus seres significativos.
- Háblale con amor. Identifica maneras de satisfacer sus diferentes necesidades.
- Si hay temas pendientes, hablen sobre ellos y procuren su solución. Procura el apoyo de otros miembros de la familia.
- Exprésale al enfermo cuán significativa es para ti la oportunidad de compartir con él o ella.
- Reconócele su valentía.

- Disfruten su momento, su espacio. Disfruten de la vida aun en el dolor. Pueden cantar, bailar, orar, leer juntos un buen libro.

Si tu familiar, amigo o persona significativa fallece durante el tiempo de una pandemia, recuerda que las cosas muy probablemente no podrán ser manejadas como esperabas.

- Date la oportunidad de sentir el dolor.

- Llora si quieres llorar.

- Comunícate de manera saludable con la familia. Déjales saber que aun en la distancia estás con ellos, que los amas.

- Si es el caso de que no pudiste despedirte del enfermo o de tu ser significativo por causa de su muerte, puedes sostener una conversación especial en tu mente, una conversación de corazón con él o ella y despedirte o darle continuidad al valor de la relación de una manera saludable, simbólica y según tus creencias.

- Acude a tus maneras saludables para sanar las experiencias de dolor. La gratitud, la meditación y la oración pueden ser algunas opciones.

- Si te hace bien, busca fotos, rememora vivencias compartidas y ejercita el agradecimiento por ellas.
- Si te es de consuelo y ayuda, escríbele una carta a tu ser querido.
- Permite que el duelo se manifieste y que fluya con normalidad. Busca ayuda profesional si sientes esta necesidad y mantén una actitud de apertura a las buenas observaciones de quienes procuran también tu bienestar.
- Vendrán miles de preguntas a tu mente, déjalas fluir. Son normales en este proceso. Algunas tendrán respuesta inmediata; otras tendrán su respuesta con el pasar de los días o del tiempo.

Tengo la esperanza de que llegará el día en que podremos celebrar nuevamente aquellos encuentros familiares tan especiales y que podremos dar y recibir «el gran abrazo», ese abrazo consolador, lleno de amor y paz.

❧ **¡Que la paz siempre sea en cada «adiós»!**

«Morir nunca es parte del plan,
pero siempre es parte de la vida»

Comparto con ustedes un fragmento del testamento ológrafo que dejó Jerry. Más que un testamento, era un escrito con bellos consejos para sus hijas amadas, familia y amigos.

17 de febrero de 2004

«A mi familia y amigos:

Si están leyendo esta carta quiere decir que o están leyendo mis notas personales, lo cual sería un averiguamiento, [quiere decir que] ya me morí, lo cual no estaba en el plan, pero ¡qué les puedo decir!, mi vida no siempre fue según el plan. De todas formas, voy a asumir lo segundo y si fuera lo primero, pues «¡qué alivio!». Hablando en serio, **morir nunca es parte del plan, pero siempre es parte de la vida.** Ya para este momento seguramente habré repasado mi vida y estaré junto a Dios disfrutando de todas esas cosas bellas que nos tiene reservadas para ese momento especial del reencuentro cara a cara. Así que, aunque sé que debe ser muy triste, sepan que estoy muy bien y disfrutando de lo lindo.

Les escribo, primero que nada, para dejarles saber que estoy muy bien y segundo, para dejarles saber mi última voluntad (¿qué cursi verdad?). Aquí les va un listado de lo que quiero:

1. Disfruten de la vida y de lo que es importante de verdad. Disfruten del sol, de la playa, de la buena compañía junto a la familia y los amigos, de respetar a cada persona, de ver el atardecer, de sonreír, de leer un buen libro, de escuchar buena música y, por qué no, de una buena cerveza junto a un buen amigo.

2. Sigamos por buenos principios. Los más importantes para mí son:

1. Respetar cada persona incluyéndonos nosotros mismos.

2. Soñar grandes sueños y hacerlos realidad. No dejen de estudiar y aprender algo cada día.

Bueno, espero que pronto pase la tristeza y logren la felicidad completa. Ese es mi mayor deseo. Y mientras nos volvemos a ver, por favor, disfruten de la vida un día a la vez.

Sé que muy pronto los volveré a ver a cada uno de ustedes, en especial, a mis hermosas hijas, y no olviden que ahora podré ayudarlos más de cerca, dado que estoy más cerquita de Dios (eso me hace muy feliz).

A todos: ¡Los amo! ☺

Jerry Luna Rodríguez
2/17/04».

Nunca se olvidará lo importante.
Con Amor,
Glorielma

Sobre la autora

Glorielma Colón, nacida en Puerto Rico, es especialista en tanatólogía, «coach», «neurocoach» certificada y miembro de la Association for Death Education and Counseling (ADEC). Completó un curso de certificación en Tanatología: Perspectiva Clínica, Integral y Paliativa.

La experiencia de perder a su esposo Jerry Luna en tan solo nueve días tras un diagnóstico inesperado de leucemia, la inspiró a encontrar su llamado. Entre el diagnóstico y su partida física se dieron diálogos de grandes lecciones, sanación y desprendimiento que luego la llevaron a elegir la tanatología como su camino para acompañar, enseñar y servir.

Cuenta con una maestría en Recursos Humanos, un bachillerato en Mercadeo y un grado asociado en Gerencia. Por su gran amor por la humanidad eligió la carrera de los recursos humanos, profesión que ejerció exitosamente durante más de quince años ocupando posiciones gerenciales en empresas multinacionales y en industrias como la salud, ventas al detal, farmacéutica, entre otras. Como consultora de recursos humanos ayudó a impulsar prácticas positivas y saludables para fomentar ambientes de trabajo inclusivos donde se respete la dignidad del ser humano. «Sé amable, sé agradecida y sé humilde» son las palabras que le enseñó su padre y que la han guiado desde su niñez.

Colabora como especialista en tanatologia en el Centro Neuroeducativo, en Cidra, Puerto Rico, donde a través de intervenciones individuales, se ayuda a las personas a manejar su proceso de duelo causado por la pérdida de un ser querido.

Bibliografía

- Koenig, Sharon M. (2011). *Los ciclos del Alma.* Buenos Aires, Argentina. Ediciones Obelisco

- Kübler-Ross, Elisabeth (2014). *Sobre la muerte y los moribundos.* Nueva York. Grupo Editorial: Penguin Random House

- Kübler-Ross, Elisabeth (2006). *La rueda de la vida.* España. Ediciones B, S.A.

- Silva, Shirley M. (2018). *Cuando los dibujos hablan.* Puerto Rico, CreateSpace Independent Publishing Platform